LETTRE

SUR
LES TABLEAUX,

DE L'ACADEMIE

DE SAINT LUC,

EXPOSÉS

AUX GRANDS AUGUSTINS.

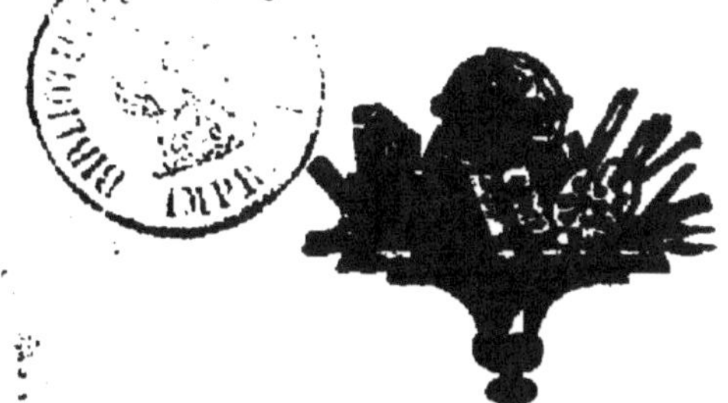

A PARIS,

Chez { MARCHENOIR, Quay des Augustins, à la porte de l'Eglise. } Libraires.

ET CLEMENT,

M. DCC. LI.

LETTRE

De M. H*** à M. P***
son ami en Province,

*Au sujet du Concours en Peinture
& Sculpture de Messieurs de
l'Académie de SAINT LUC,
ouvert dans une Salle des grands
Augustins à Paris, le 20 Février 1751.*

MONSIEUR,

Vous ne devez point douter que
votre derniere Lettre ne m'ait fait
tout le plaisir possible. On ne se

laſſe jamais de recevoir des nou-
velles d'une perſonne de votre mérite. Je ſuis cependant étonné, que
vous paroiſſiez déſapprouver le
Concours qui ſe fait aujourd'hui en
Peinture & Sculpture, par les Offi-
ciers de l'Académie de Saint Luc.
Quand je vous l'ai annoncé par ma
derniere, j'avois cru que vous auriez
applaudi à cette émulation. Je m'é-
tois perſuadé que vous l'auriez re-
gardé comme un moyen de con-
tribuer au progrès des Arts; mais
je vois au contraire, que prévenu
en faveur de l'Académie Royale,
vous ne pouvez vous perſuader
qu'il ſe trouve hors de ce Corps reſ-
pectable, des Hommes à talens,
dont les Ouvrages méritent d'être
expoſés à la vûe du Public. Vous
vous écriez, comment après les dif-
férentes expoſitions d'Ouvrages de
MM. de l'Académie Royale, il ſe
trouve encore à Paris un eſſain de

Peintres & de Sculpteurs, qui ofent lever une tête altiére, pour percer & fe montrer au grand jour? Oui, Monfieur, il s'en trouve, qui même ofent efpérer les fuffrages du Public, & qui ont la modefte confiance d'attendre les Prix qui leur font deftinés. Je conçois le fujet de votre étonnement : vous ne connoiffez que l'Académie Royale, & vous ignorez quelle eft celle de S. Luc. Permettez-moi de vous donner une idée de celle-ci ; alors vous ne pourrez refufer de rendre juftice à ceux qui la compofent.

Avant l'établiffement de l'Académie Royale, qui prit naiffance en 1654, fous le miniftére du Grand Colbert, tous les Peintres & Sculpteurs formoient un Corps, dont les Membres n'avoient d'autre titre que celui de Maîtres. Tels furent les *Vouet*, les *Bourdon*, les *Champagne*, les *Sarrazin*, les *le Sueur*, les

A ij

le Brun & plusieurs autres célèbres,
dont on voit encore aujourd'hui
quelques-uns des Chefs-d'Oeuvres
dans le Bureau de la Communauté.
Lorsqu'on en eut tiré les Hommes
les plus habiles pour en former l'A-
cadémie Royale, ce Corps de Maîtres se trouva en quelque sorte éner-
vé, & il ne resta plus d'autre ressour-
ce pour le ranimer & le soutenir,
que de recevoir indistinctement tous
ceux qui se présentoient, dans la
vûe d'acquérir le droit de travailler
librement sans être inquiétés. Quelques-uns d'eux cependant, excités
par le noble desir de marcher sur les
traces de leurs illustres prédéces-
seurs, & privés des secours dont
l'Académie Royale jouissoit, étoi-
loient, pour ainsi dire, mendier
quelque portion du Modéle, dont
elle leur étoit accordée avec tant
d'oeconomie, qu'on ne leur don-
noit même leurs entrées, soit com-

me Maîtres ou comme fils de Maîtres , qu'après les Eléves qui a-
voient gagné des Prix de Desseins,
& lorsqu'il se trouvoit quelques pla-
ces vacantes. Toutes leurs préro-
gatives consistoient dans l'exemp-
tion d'un petit droit que le Con-
cierge exigeoit des autres Externes
pour chaque place.

Il étoit bien difficile, qu'avec
une pareille sujetion, ils fissent de
grands progrès; Monseigneur D'AR-
GENSON, alors Lieutenant Géné-
ral de Police, & depuis Garde des
Sceaux, chercha à les en soustrai-
re, afin de donner par ce moyen
des preuves de son affection pour la
Communauté. Ce fut par ses soins,
que l'Académie de S. Luc fut éri-
gée en 1707 ou 1708. Monseigneur le COMTE D'ARGENSON, aujourd'hui Ministre d'Etat, a bien
voulu lui continuer sa protection,
de même que Monsieur le MAR-

A iij

QUIS DE *VOYER* son fils, qui par son amour pour les beaux Arts, prend plaisir à exciter une noble émulation entre les Hommes à talens, à la faveur du Concours, dont l'ouverture s'est faite le 20 Février de cette année.

Après les grands noms qui décorent & forment comme le frontispice de ce nouveau Temple du Goût, je ne puis vous faire entrer en idée dans son enceinte, sans vous parler des Directeurs & Professeurs, au mérite desquels on en est redevable en partie. De ce nombre sont entr'autres M.M. *Saint-Pol, du Mesnil, Dieu, Spoëde, le Prince.* Le dernier sur-tout, Homme aussi simple dans ses mœurs, que pur & correct dans ses Desseins, inspiroit le même amour, les mêmes sentimens aux Eléves, en se mettant indistinctement dans l'Ecole avec l'Ecolier. Cet habile Sculpteur étoit

tellement attaché à la nouvelle Académie qu'il dirigeoit, que forte-
ment follicité de fe faire Membre
de l'Académie Royale, il difoit,
comme Céfar à fes plus intimes
amis, qu'il aimoit mieux être le pre-
mier d'une petite Ville, que le fe-
cond dans Rome.

M. *Pineau le fils*, l'un des quatre
Directeurs-Gardes de l'Académie,
connu par fes talens, a fignalé fon
entente & fon difcernement, dans
l'ordre & l'arrangement des différens Morceaux expofés par cette
Académie aux yeux du Public. Vous
pouvez, M. en juger vous-même
par le Livret que je vous envoye.
Ainfi fans entrer dans un détail à ce
fujet, je me contenterai dé vous
donner quelques obfervations,
qui ferviront à ramener votre efprit
prévenu, & à le faire rentrer dans la
bonne voye où les autres font pré-
fentement.

A iiij

Je commence par les Hiſtoriens,
comme par ceux, qui dans un
ſeul point bien traité, réuniſſent
toutes les parties de la Peinture; aſ-
ſemblage ſçavant qu'on remarque
avec plaiſir dans quelques-uns, inſ-
ques dans les Miniatures de M.
Vennevault. M. *Parrocel* vient d'ex-
poſer en grand ſes diſpoſitions à
ſoutenir un nom ſi célébre, & M.
Cornu, dont le génie ſe dévelop-
pe ſi-bien dans ſes Compoſitions,
nous y a fait part de cette magie
répandue dans les Tableaux de
M. *de Largiliere*, dont il a été un des
Eléves. Deux Tableaux de M. *Ref-*
nard, dans la maniere de l'*Etienne*,
annoncent ſes heureuſes diſpoſitions à ſuivre de près le naïf Auteur qu'il s'eſt propoſé pour modéle.
On admire auſſi avec ſatisfaction,
la touche légére de M. *Chauveau*,
qui, par une route nouvelle, mar-
che ſur les traces de *Berghem & de*
Bénédete.

Des Modéles que MM. les Sculpteurs fournissent en différens genres
de Sujets, montrent qu'ils méritent
de partager avec ceux du Roi, les
Ouvrages que Sa Majesté fait faire,
& qui tous font marqués au coin de
l'Immortalité.

A l'égard des Desseins, ils se trou-
vent, ainsi qu'au Palais du Luxem-
bourg, placés par intervalle; à côté
des grands Maîtres qui les ont faits.
On y voit entr'autres ceux à l'encre
de la Chine de M. *Eissen*, dont le
Public amateur est comme ébloui,
& qui semblable à *Icare*, paroît vou-
loir se frayer un chemin dans les airs,
tandis que les célébres Peintres *Na-
toire* & *Boucher*, s'élévent d'un vol
rapide & assuré jusqu'à la voûte du
troisiéme ciel.

MM. les Peintres de Portraits,
tant en huile qu'en pastel, vien-
nent ensuite; & font en bonne partie les honneurs de la Salle; mais,

ce qui frappe le plus, ce sont le Portrait du *R O Y*, celui de *Monseigneur le Dauphin*, & ceux de *Madame la Dauphine*, de *Madame Adelayde* & de *Madame Victoire*. On y admire avec un plaisir mêlé de respect dans les traits de *Sa Majesté*, la Grandeur & la Bonté, ses principaux attributs, & ceux de son auguste Famille. Ces respectables Portraits sont de M. *Liotard*, de même que la charmante Liseuse.

Mais, puisque j'en suis à l'article des Portraits, je ne puis m'empêcher d'observer un avantage qu'on a toujours considéré dans ceux qui sont sortis du poinceau de *Rubens*, de *Vandik*, & d'autres fameux Peintres : c'est qu'on a eu soin pour l'habillement des deux Sexes, de suivre la mode présente ; en sorte que dans le cours des Siécles à venir, on verra avec plaisir de quelle maniere nous étions habillés; & notre coëffure, qui n'eſt point trop chargée d'ornemens inutiles, n'y perdra point du côté de la ſimple Nature. Si on avoit toujours eu cette attention, on ne verroit pas aujourd'hui dans une Maiſon Royale, une Purification de la Vierge, où le velours eſt prodigué juſqu'au Bedeau de ce tems-là; & M. l'Abbé de Villiers, Auteur du Poëme de l'Art de prêcher, n'auroit pas été dans le cas de fronder dans ſes Vers deux de nos Peintres fameux, en les appellant Marchands de Draps d'or & de ſoye.

C'eſt au ſoin d'éviter un pareil défaut, que les *Portraiteurs* de notre tems doivent en partie la réuſſite de leurs Ouvrages. Tels ſont MM. *Vigée*, *Merelle*, *Deidier*, *Allais*, *Chevalier*, *Barrere*, Mademoiſelle *Saint Martin* & d'autres, qui tous contribuent à former un en-

femble, dont la beauté faifit avec
une fatisfaction fecréte les perfon-
nes de goût, & fixe celles difpo-
fées à en avoir. Malgré cela, je ne
doute pas qu'il ne fe trouve encore
de ces petits Auteurs d'infipides
Brochures, qui, pour faire parade
de leur efprit, viendront, perchés
fur quelques-uns des Chevalets de
nos Maîtres Peintres; mais pour les
en faire defcendre, il fuffira de leur
préfenter l'Eftampe, où l'on voit un
Aveugle introduit au Sallon du Lou-
vre, pour y juger des Couleurs.

Je fuis, MONSIEUR, &c.

A Paris le Mars
1751.

Lû & approuvé ce 5 Mars 1751.

CREBILLON.

Vû l'Approbation. Permis d'imprimer, à la charge d'enregiſtrement à la Chambre Syndicale ce 7 Mars 1751.

BERRYER,

Regiſtré ſur le Livre de la Communauté des Libraires & Imprimeurs de Paris, N. 3434 conformément aux Réglemens, & notamment à l'Arrêt du Conſeil du 10 Juillet 1735. A Paris le 9 Mars 1751.

Signé. LE GRAS, Syndic.